여명의 숲

여명의 숲

홍진표 3시집

도서출판 천우

● 시인의 말

아직도 잘 모르는 시를 짓는다
산모가 임신에 따른 몸가짐의 변화,
또 출산의 고통과 기쁨의 눈물 같은 것
어제보다는 오늘이 오늘보다는 내일이
더 멋진 시가 탄생하는 그 맛을 어쩌랴

방랑시객 김삿갓도 시어의 봇짐은
애지중지 들쳐매고 다녔다고 한다
그러하매 길가에 버려진 언어조각을
주섬주섬 모아서 차곡차곡 쌓고
굽이굽이 흘러간
인생의 고난과 애증의 목마름도 그렸다

시집을 낸다는 것
처녀가 시집가는 설렘이라 할까
세월이 나를 먹듯 나는 시를 먹고 있다

2014년 6월

홍길표

여명의 시간 고요한 숲 한가운데에서…

몽재 이현준
서예가, 대한민국문화미술협회 서예분과 이사, 현대미술대전 초대작가, 일본 동양서도학회 초대작가, 합천 팔만대장경 축제 초대작가

1시집 때는 내 글씨로 시 한 편을 운필해 주었고, 2집에는 어쭙잖은 축하 글을 썼었는데 벌써 3시집 『여명의 숲』을 출간한다니 그저 놀라운 일이며, 예사롭지가 않다.

102편의 시를 한 편 한 편 넘기면서 "하아!! 이 친구!"하고 말았다. 그에게는 살아가는 것, 삶의 전부가 한 편의 시라는 생각이 든다.

그리움, 사랑, 이별, 가족, 자연과 계절, 희로애락(喜怒愛樂) 등 모두가 그에게는 시제(詩題)라던가? 삶을 관조하는 그의 심안(心眼)은 우리가 미처 보고 느끼지 못했던 것들을 되뇌게 해준다. 쉽게 지나치고 마는 일상사나 자연을 그의 시는 맛깔나게 분출하고 있다.

> 저 별빛 속에/ 산새들의 지저귐은 사라지고/ 이름 모를 풀벌레가 간간히 흐느껴 울 뿐/ 숲엔 고요가 지나가고 있다// 고뇌와 번민으로 상처난 흔적들/ 잊어야지 하면서도 잊지 못한/ 가슴 깊이 묻어야 할 애증의 파고(「여명」 일부)

시를 읽노라면 여명의 숲에 서 있는 기분이 든다. 시인을 따라 희로애락의 감정을 조용히 반추하게 됨을 어쩌랴. 여명의 시간 고요한 숲 한가운데에서 묻어둔 감정을 마구 꺼내는 공간적 묘사와 독백의 조화가 절묘하다.

> 목수가 각목을 말끔히 대패질하듯/ 조적공이 벽돌을 차곡차곡 쌓듯/ 화가가 도화지에 선을 긋고 색칠하듯/ 작곡가가 리듬과 멜로디를 새겨놓듯/ 심장이 멎을 때까지 시를 짓고 싶다// 고독이 쌓인 어느 날/ 바닷가에 나가 모래성을 쌓기도/ 들녘에 한가로이 메뚜기 떼 날 때쯤/ 어릴 적 그 친구 생각에 눈시울이 뜨겁다/ 아직도 내 가슴에 살고 있는 그가 밉다// 겹겹이 때 절은 적삼을 빨래하듯/ 구겨진 옷자락 다림질하듯/ 갈대가 저토록 우는 사연/ 엿듣다가 홀로 밤샘을 하기도/ 사색과 번민으로 종일 뒤척이다(「나의 시(詩)」 일부)

「나의 시(詩)」에서 그는 삶의 순간순간을 자신만의 필치로 그려내고 있다. 담담한 문체로 모자람도 지나침도 없이 시상을 드러낸다. 비평가가 아니니 한 행 한 행 깊이 분석해낼 수는 없으나, 이렇듯 편마다 흐르는 시인의 가슴을 보게 된다. 시에서 열망하듯 친구의 가슴에서 헤아릴 수 없는 혜안의 시어들이 마르지 않는 샘물처럼 솟아나기를 빈다.

3시집 『여명의 숲』 상재를 진심으로 축하하며 자랑스러운 친구가 있어 행복하다. 항상 건강하기를 기원한다.

제1부

꽃

제2부

나의 시(詩)

제3부

가마솥

제4부

겨울비

제5부

티켓

제1부

꽃

물망초

가슴 시린 사랑은
날개 잃은 새처럼 애처롭고

날개 잃은 새는
가슴 시린 노랠 부른다

무지개 피고 지는
시작도 끝도 알 수 없는 것

오얏나무에 오얏 열리듯
신맛 단맛 어우러진 새콤한 것

그것은 한 떨기
그리움 흠뻑 젖은 물망초 같아라

나팔꽃

흙탕물 흐르듯
갈기갈기 찢겨진 세월
가시덤불 헤치고
살얼음판 건너듯 했다

못다 부른 나의 노래
가슴에 쌓인 비련(悲戀)
소리 없는 가슴으로 울 뿐
나팔은 결코 불지 않았다

바람이 분다
비가 내린다
실바늘 꿰매듯 신음소리 낼 뿐
이미 눈물마저 메마름이 오래다

백목련

달빛에 취해
뒤척이는 그윽한 밤

소소리바람 타고 온
야리야리한 순백의 여인

그를 보면
콧구멍 뻥 뚫리는 신열이 솟는다

코스모스

송곳에 찔린 듯
을씨년스런 길가

노랑 파랑 빨갛게
연지곤지 찍고 분칠한 꽃

까만 밤이 하얗게
순정이 불타오르는 향연

단발머리 더벅머리
저들은 어떤 꽃놀이 하려나

꽃

겨우내 움츠린 자아 본능
기지개 켜고 꽃망울 터뜨려
산야는 온통 울긋불긋하다

텅 빈 가슴
향기로움 가득 차고
무아경에 도취되어 아찔하다

꽃은 본능적 번식일 뿐
우쭐대지 않고 겸손하며
온 누리에 씨 내려 기쁨 주고

그 공간에서
심성을 가지런히 추스르고
맘껏 맛깔지게 살고프다

할미꽃

애타도록 설렌 그리움
요요(姚姚)한 초록의 사랑

눈물이 진정 아름다울 때
그것은 슬픈 사랑이었고

원망도 후회도 멀어질 때
그것은 슬픈 이별이었다

다시는 돌아올 수 없는 그날들
애련(哀戀)한 사랑 뉘 알까

아직도 아물지 못한 흔적
몽유병이듯 허공을 맴돌고

메기의 동산에 봄이 오면
할미꽃 피고 산비둘기 난다

동백꽃

엄동설한도
입술 깨물고 모질게 버텼다

긴긴 고독이 쌓일 때는
반짝이는 별빛을 줍고

먼 길 가는 기러기 떼
사색에 젖는 밤 언덕
나뭇가지에 조각달이 걸렸네

어느덧
내 가슴엔 피멍이 빨갛게 물들고
동틀쯤
수평선 타고 오는 그대가 보고프다

길

허공에는
구름 실은 비행기가 하늘 날고

신작로는
형형색색 자동차가 즐비하다

진달래 피고 뻐꾸기 울던
고향 언덕은 개발 붐에 주저앉고

땅 밑은 예나 지금이나
개미 떼가 발 빠르게 오가는데

사방팔방 둘러봐도
내 갈 길 없고 안개만 자욱하다

벼랑에 선 나무

바위틈에 실뿌리 엉키고
허공에 등허리를 눕히다
손에 잡힐 듯 구름 날고
계곡 물속 눈시울이 퍼렇다

폭풍우 칠 때
무서리 칠 때
갓 젖 뗀 송아지는
어미 찾아 심산유곡 헤맨다

꽃 피는 봄이 오면
접동새 울음에 가슴 설레고
산머루 익어갈 때
하염없이 눈 내리는데

벼랑 끝
움켜쥔 삶이 차마 눈물겹다
고샅길
그대 이제 어디로 가시렵니까

봄이 오면

겨우내 움츠렸던 햇살
실바람 타고 여행 떠나고

강남 살던 제비는
북녘 갈 채비에 비행 연습이고

밭갈이 농부의 소 모는 소리
한 자락 펼친 산수화 같아라

검게 탄 비바리 물질하듯
파도는 오르락내리락 춤추고

단발머리 소녀 가슴엔
앵두 같은 꽃망울 곱게 움튼다

여명

저 별빛 속에
산새들의 지저귐은 사라지고
이름 모를 풀벌레가 간간히 흐느껴 울 뿐
숲엔 고요가 지나가고 있다

고뇌와 번민으로 상처난 흔적들
잊어야지 하면서도 잊지 못한
가슴 깊이 묻어야 할 애증의 파고

흑비둘기 날자
오얏나무가 서슬 퍼런 잠을 깨고
떨어지는 잎새가 마냥 서럽다
여명의 그림자가 몰려와도
내 가슴 한 켠에 그대가 머문다

누가 저 별을 헤아리고 있는가

숲

숲엔 낭만이 있다
나무 타고 재주 넘는 다람쥐들
구름도 쉬어 가는 옹달샘 있고
곱게 차린 색동 꽃들의 향연
풀벌레의 구애 소리 이어지고
메아리가 어우러진 안개 흐른다

꾀꼬리 합창에 가슴 찡한 세월
넋 놓고 가던 길 멈췄다

숲엔 이야기보따리가 있다
호랑이 담배 피웠던 이야기
곶감이 호랑이보다 무서운 야담
슬픈 사랑의 구미호 전설
아기자기한 선녀와 나무꾼의 설화
별과 바람이 살던 이야기 흐른다

숲엔 뭇 사연들이
칡넝쿨 엉키듯 까맣게 쌓여 있다

아, 봄날이여

치맛바람에 연녹색 물결이
물안개로 모락모락 피는 산자락

거슬러 튀어 오르는 연어처럼
눈부시게 출렁이는 초록 바다

햇빛 쏟아지는 벌판에
산새 들새 어우러진 향연

장단에 맞춰 너울너울
춤새 겨루는 벌나비 떼

향기 짙은 야리야리한 인진쑥
한 줌씩 뜯는 새댁의 섬섬옥수

긴 밤 지새우던 왕소군(王昭君)*
마침내 님을 만난 듯 창문 활짝 열고

아, 봄날이여

* 왕소군(王昭君) : 한나라 원제 후궁이나 흉노족 왕에게 바쳐진 비운의 미녀로서, 대표적 4대 미인에 속함.

손

콧물과 눈물 또 세수할 때
옷 입고 밥 먹고 편지 쓸 때
기계나 짐승이 대신할 수 없고
하여간 반드시 손이 필요하다

왼손과 오른손
오누이처럼 오순도순 함께하고
잉꼬부부처럼
동고동락함이 마냥 좋고 보배로운 것

시집간 딸아이 걱정에
밤샘한 아배 모습처럼
지울 수도 뗄 수도 없는
아늑한 어매 젖가슴처럼 경이로운 것

꽃물든 저 손을 보라
향기로움 그윽하고 곱상하거늘
얄팍한 권모술수로 큰 재물 쥔 손들
그들도 큰 선심 베풀 날 있으려나

여정

아지랑이 하늘하늘 일렁이듯
내 가슴 깊은 곳에 비가 내린다

옷깃을 부여잡은 사니(沙泥)바람이
모진 여정(餘精)을 흩날린다

상처난 삶
맘껏 큰 소리로 울고픈 마음

산다는 것 별것도 아닌데
폭풍우 치고 번개 치고
하물며 집시 되어 떠도는 것을

산 너머 저편에서
봄바람 불어올 때 꽃은 피는데

가을 연가

수탉의 홰치는 소리
어둠 걷히고 새벽이 오다

뭇 시선을 사로잡는
들국화 매혹의 짙은 향

무르익은 오곡의 황금 물결
산야엔 백화가 만발하도다

잠자리 떼 어우러진 군무는
사랑을 구애하는 생의 파노라마

갯벌 망동어는 펄쩍펄쩍
높이뛰기 널뛰기로 흥 돋우고

무서리 치는 가을
에헤야 데헤야 얼씨구 좋구나

희망찬 땅끝 마을
해 지고 또 하루 오누나

소망

전생이 어땠는지 몰라도
현생은 훈훈하면 좋겠다

웅대한 에펠탑 찾아
아기자기한 여행 떠나고
세월 쫓으며 사랑을 담고

구름 날개를 활짝 펴고
푸른 하늘의 틈새마다
꽃씨를 아름아름 뿌리고

다음 해 꽃피는 봄날
훨훨 높이나는 비익조(比翼鳥)처럼

흉흉한 고뇌에 갇혀도
마지막 이별도 기꺼이 포옹하리

김약국 집 둘째 딸

김약국 집
둘째 딸은 꽤 예뻤다

부리부리한 눈매 짙은 속눈썹
포도알처럼 생큼한 얼굴
금방 터질 듯 유연한 곡선미

잔잔히 찰랑이는 머리칼
가로등도 기가 차 껌벅 죽는다

그는 소화제나 내줄 뿐
사랑의 묘약은 결코 준 바 없었다
다만 한아름 가득 미소를 던질 뿐

해와 달이 탈바꿈한 그림자에 묻혀
김약국은 멀리 떠났어도
그 매력은 아직도 남아 있다

생각 말자 입술 깨물어도
줏대 없는 이 마음
오늘도 그곳에 홀로 서 있다

사랑

사랑은 아름답다 했는가
사랑은 눈물이다 했는가

누군가 바람이 되어
훌쩍 떠나는 길손이 되고

때로는 빗물이 되어
강물 속 물거품으로 사그라지고

졸랑졸랑 어미 소 쫓아가는
황금빛 송아지 그림자 같기도

외롭고 슬퍼도 머뭇거린 미련
손발이 끊겨도 물씬거린 후회 일고

기묘한 그것은
솔로몬의 지혜마저 무색하다

사랑을 하려거든

사랑을 하려거든
창문을 활짝 젖히고

사랑을 하면서도
사랑할 줄 모르니
강 건너 불난 집 바라보는 것

사랑이란
소나기 내린 후 무지개 뜨는 것

이별을 하려거든
창문을 굳게 잠그고

이별을 하면서도
후회할 줄 모르니
강 건너 불 꺼진 집처럼 허무한 것

이별이란
무지개 사라진 후 먹구름 뜨는 것

제2부

나의 시(詩)

타이타닉

거대한 빙벽과 충돌한 불행
태산이 무너지듯 부서진 꿈의 파편
적막을 가르는 굉음 속의 비명소리

피할 수 없는 재앙
기약할 수 없는 생사의 순간
부자도 가난한 자도 모두가 같은 운명

어느 날 칼바람에 끊어진 연처럼
서슬 퍼런 바닷물에 빠져든 생명들
고드름 되고 얼음 조각인 양 떠돈다

역경 속에서 자신을 희생하고
연인을 구하는 애틋하고
숭고한 사랑에 가슴이 찡하다

침몰의 순간까지도
목숨 던지고 최선을 다하는 승무원들
애잔한 음악이 칠흑의 밤을 울린다

매일 밤 꿈속에서 그대를 봅니다
지금도 뇌리에 머문 사랑의 파노라마
사랑의 위대함과 잠든 영혼을 일깨운 타이타닉

변강쇠

입담 좋은 그 친구
입을 열면 종일 떠벌리고
천장이 오르락내리락하다

바짓가랑이 오줌 지리고
구슬치기 참외 서리 엿치기까지
세월아 네월아 날 새는 줄 모른다

처음엔 귀를 쫑긋 세우고
나중엔 귀를 막고 들어야 한다니
활력만큼은 귀신도 탐낼만하다

무지갯빛 이야기 꺼내면
졸졸졸 계곡물 흐르듯 입담 좋고

하여간 입담 좋으면
그것도 좋다던데 아마 그랬을 거야

지금은 화물차 떠나는 소리
녹슨 생철문 여닫는 소리 같다 하네

영혼

이름 없는 무덤
가시덤불 켜켜이 무성하고
멧돼지나 두더지
찾아든 흔적조차 없다

간혹 까마귀 떼 날고
앙상한 바람이 홀로 지날 뿐

뉘 집 자손일까
생전의 살던 곳은 어딜까
긴긴 세월 누웠으니 애처롭다

꼬리 물고 빙빙 도는 강아지처럼
부질없는 망상에 사로잡힌 내 영혼

생명

긴 잠 깬 새벽의 도로
한 켠에 선혈 낭자한 채
노루의 몰골 비참하고 아리하다

나들이 참이었나
일터로 가던 길이었나
으스스한 전율이 온몸을 찌른다

꽃피고 새들은 노래한다
누굴 위해 봄은 정녕 오는가
생명의 존귀함을 그대 아시는가

집시 여인

찢겨 해진 남루한 행색
제멋대로 헝클어진 머리칼
손과 발등에 뻘건 상처 퉁퉁 부었고

맥 풀린 두 눈에 풀기 없는 가슴
가늠하지 못할 어슴푸레한 나이
공원 한 켠에 벌떡 누운 채
빈 하늘만 응시할 뿐

이름은 뭐고
뉘 집의 딸일는지
시집간 적 있었는지
괜스레 궁금한 것 지울 수 없다

하지만 삶이 뭐길래
저리도 불쌍한 것
이 밤은 왜 헐벗고 찜찜할까

희망 사항

난 아주 먼 세상
나무와 숲이 사라지고
기차와 비행기가 없어도
결코 구애 받지 않고

바람과 함께 사라지다
로미오와 줄리엣보다도
더 멋진 작품의
영화감독으로 태어날 것이다

언제 오시려나

안녕이란 말 못하고 돌아선 당신
내 가슴에 지울 수 없는 상처를 주고
붙잡아도 매달려도 뿌리치고 떠난 사람
언제 오시려나
오늘도 기다리는 기러기처럼
잊어야 한다면 잊어야 한다면
미련없이 떠나야겠지
아. 부서진 사랑 발자국만 남기고

눈이 오나 비가 오나 사랑한 당신
내 가슴에 지울 수 없는 이별을 주고
붙잡아도 매달려도 뿌리치고 떠난 사람
언제 오시려나
오늘도 기다리는 부평초처럼
잊어야 한다면 잊어야 한다면
흔적없이 지워야겠지
아. 바다 저 멀리 물거품만 남기고

그리움

해 넘는 벌판
끼리끼리 떠나는 참새들
왜가리 황새도 떠나고

스산한 갈바람에
구름도 멀리 비껴가고
고요만이 홀로 숨어 있다

쏟아지는 별빛 안고
오로지 땅을 헤집는 미꾸라지
개구리 두꺼비 시끌벅적 밤새하고

텅 빈 가슴 채우려고
지푸라기 한 움큼씩 붙잡는다

멀지 않은 날
기러기 떼 몰려오겠지

천적(天敵)

사랑의 천적은 이별
이별의 천적은 무엇인가

쥐의 천적은 고양이
고양이 천적은 뭘까

개구리 천적은 뱀
뱀의 천적은 인간

너의 천적은 나
나의 천적은 그 사람

죄(罪)

무심히 가던 스님 헛발에
지렁이가 꿈틀대며 비명횡사하고

선생님은 쇠고기를 꽤 애호했고
삼복(三伏)에 그는 보신탕을 즐겼다

영화 속에서 히죽히죽 칼춤 추는
망나니의 광란에 풀죽은 죄수

시퍼런 칼날이 허공을 가를 때
이승과 저승으로 두 동강이 난다

피비린내 찌든 평원
까마귀 떼 몰려오고

여우와 승냥이는
제 몫인 양 물고 물어뜯는 아귀다툼이다

죄 없는 자 결코 없고
죄 많은 자 활개 치는 세상사

지렁이 생명도 중히 여기며
보신탕은 먹지 않겠지만
쇠고기만은 먹겠다는 그의 푸념

나의 길

무더위 찜통 날
시원한 바람 한 점 없더니

손발 꽁꽁 언 날
칼바람이 뼛속까지 파고들어

자갈길 가시덤불길
송곳처럼 뾰족한 길
여럿이서 날 찌르고 할퀴고
겁줬어도 이빨 꽉 깨물고 버텼다

호숫가에 배회하는 소슬바람
장맛비 걷힌 무지개 꽃 들녘길

난 소슬바람 가슴 안고
무지개 꽃 들녘길 맘껏 뛰어가고 싶다

나의 시(詩)

목수가 각목을 말끔히 대패질하듯
조적공이 벽돌을 차곡차곡 쌓듯
화가가 도화지에 선을 긋고 색칠하듯
작곡가가 리듬과 멜로디를 새겨놓듯
심장이 멎을 때까지 시를 짓고 싶다

고독이 쌓인 어느 날
바닷가에 나가 모래성을 쌓기도
들녘에 한가로이 메뚜기 떼 날 때쯤
어릴 적 그 친구 생각에 눈시울이 뜨겁다
아직도 내 가슴에 살고 있는 그가 밉다

겹겹이 때 절은 적삼을 빨래하듯
구겨진 옷자락 다림질하듯
갈대가 저토록 우는 사연
엿듣다가 홀로 밤샘을 하기도
사색과 번민으로 종일 뒤척이다

엿장수 맘대로 듯 시어(詩語)를
자르고 늘이니 볼품없는 낙서일 뿐
노련한 건축가의 집념으로
고층 빌딩이 우뚝 솟구쳐 오른 것 같은
그런 오밀조밀한 미려의 시를 짓고 싶다

사람이란

여섯씩 편 가르고
사람과 원숭이가
그물망 치고 공놀이했겠다

공을 잡은 원숭이가
날쌔게 사람 쪽에 쏘고
사람이 되받아 상대 쪽에 쏜다

심판의 호각소리
주의받고 경고를 받기도
죽기 살기로 매달린 투혼

결과는 원숭이가 승리
이긴 쪽은 할 말 있으나
풀죽고 원인도 모르는 게 사람이다

삶

해거름 수평선의 쉴 곳으로
밍크고래 떼 널뛰듯 달린다

운무에 속살 내민 산등성이
쭉 뻗은 팔등신 미인 같아라
산새 종알대고 꽃피는 숲의 아름다움

오욕에 찌든 껍데기는
물에 빠진 생쥐의 몰골이라
낙엽 지고 비오는데 이를 데는 없어라

오늘이 내일이고 내일이 오늘 같은
망각(忘却)의 늪에서 허우적거리다

시인과 애인

그는 내 애인이기에
시집(詩集)을 읽어보라 권했다

별과 달이 뜨고 지는 이유
희로애락을 몸소 터득했을 터
더 이상 무엇을 바라겠는가

배 속 태아의 엄숙한 숨결 같은
정성으로 보듬은 색동옷 같은
그렇게 잉태함을 만끽하고 싶다

언젠가 그날인가
시편 모두를 갈기갈기 찢으라고 했다

쳇바퀴 돌듯한 여정
이승과 저승을 넘나들고 있을 터
더 이상 무엇을 탓하겠는가

만나면 안 될 것 같은 사이
만나도 될 것 같은 그런 사이
그것을 외면한 그가 미웠다

회한

저 수많은 별은
무슨 연유로 저리 반짝일까
어디가 시작이고 끝은 어딜까

무덤덤히 꿈틀대는 몸뚱이는
한 치 앞도 분간 못 하는데
내 머물 곳은 정녕 어느메뇨

말뚝에 고삐 맨 황소처럼
시시때때 희로애락은 줄을 매고
허허한 회한(悔恨) 뼛속에 사무치다

절친했던 그가 세상에 남긴 것은
이름 석 자 뿐이라 사뭇 애통한데
내 죽으면 뉘라서 목놓아 서러워하랴

원죄

독초의 새싹은
어릴 땐 일시나마 독이 없고
호랑이 새끼도
어릴 땐 복스런 강아지 같고
인간은 사뭇
새싹도 강아지도 아닌 묘한 것

까치의 새끼는
아차 순간에 뱀에게 먹히고
악어의 새끼도
때론 물고기에게 먹히고
뭇 동물은 그래도
배부를 땐 먹이 사냥 멈춘다

밤이 가고 새벽이 오듯
겨울 돌아 봄이 오는 소리
인간은
시작부터 뭇 소리 막아
원죄(原罪)의
늪에 빠져 끝까지 허우적거리다

행복

매미가 우는 것은
짝을 찾는 구애의 노래
베짱이가 우는 것은
배불리 먹고 여유로운 흥타령

상(賞)을 탄 후 가슴 벅찬
가수는 기쁨의 눈물 흘리고
세월을 접어야 할
사형수는 아쉬움과 체념에 울고

내가 우는 것은
별볼일없는 지난날이 허무해서
그가 우는 것은
홀로 남은 고독의 서러움이다

우는 것은 눈물로
기쁨이나 슬픔이 표출되지만
웃으면 언제나
한 아름 행복의 꽃이 핀다

초연

강산이 세 번쯤 바뀐
그해 화창한 봄날
덕수궁 뜰에 핀
목련꽃은 옛적 그대로 있었다

일그러진 연정(戀情)
잔주름 펴고 곱게 분칠을 하다

그토록 설렌 여정(餘精)
지금은 아니 서럽다 하리다
견우직녀 설화가
애절하고 차마 서럽다 할까

사랑은 멀리서 손짓할 뿐
내게 오거나 기다려 주지 않았다

하소연

반백의 머리칼
넘어질 듯 구부정한 등허리
향기 잃고 수심(愁心) 찬
주름살 겹겹이 늘어선 얼굴

그가 가는 길
내 가는 길과 무엇이 다르랴
인생이 저물면 저리되나
왠지 시큰시큰 콧등이 시리다

지난날
파렴치한으로 살았나
오만불손하게 살았을까
누구를 꽤 핍박했었나 보다

만약에 내게
반백 년을 돌려준다면
벌처럼 소처럼 살다
마지막 바람같이 떠나리

제3부

가마솥

소

채찍으로 맞으며
눈물조차 메마른 채
머슴살이 죽도록 하고

고달픈 길
뒤돌아볼 겨를 없이
내 삶이려니 자위하며

헛간에서 홀로 지새운 밤
반짝이는 별 헤아리며
세월을 씹고 되새김질했다

죽어서는 못된 놈까지
어우르는 영양식 되기도 하고

사기꾼 꾐에 걸려
악명의 뿔도장 되기도 하고

뭇 사람들 구두가 된 껍데기는
세상을 발 빠르게 더듬거렸다

어매

흙과 땀 냄새로 찌든
무명적삼의 어매
보석을 고르듯 감자를 캤다

여성의 화사함은 아예 없고
마디마디 못 박힌 투박한 손
어매의 존재로만 각인된 얼굴

내 고향 정든 땅
산새 소리 풀벌레 소리 끊기고
절벽 같은 아파트만 즐비하다

어매가 머물던 그림자는 지워지고
이름 모를 낯선 이들 서성댈 뿐
어딜 가도 그날의 흔적은 사라지고

딸 부잣집

칠공주는 유별나게 웃음이 컸다
기둥 뿌리 뽑히고 천장 무너질 듯
"호호호" "히히히" 왁자지껄 아우성이다

뭐가 저토록 재미날까
기웃기웃 들여다보아도 도무지
희희낙락함을 알 수 없다

십 리 밖에서도 이름은 몰라도
딸 부잣집이라면 모르는 이 없는
맘씨 착한 아제네

"난 기차 타기는 틀렸어
비행기만 타게 됐으니 말야" 아제는
탄식인가 자화자찬인가 말했다

보석처럼 영롱한 딸 부잣집
나팔꽃 일곱 송이는
누가 뭐래도 맛깔스런 나팔을 분다

인형과 아내

가게에서
색동옷 입은 인형 하나를 샀다
수제품에 값이 싸고 국산이라며
가게 주인은 할인까지 덤으로 주었다

하지만 지금은 그 인형이 없다

그 인형이 생각날 때
뭇 세월을 갈증에 목 축이듯이 삼켰다
혹여
그림자라도 남았다면 얼마나 좋을까

저 아이가 안고 있는 인형은 그의 딸일까

세월을 비켜가지 못한 할멈도
한때는 달덩이처럼 탐스런 아씨였고
그가 입었던 색동옷은 꽤 예뻤다

보름달 뜨는 밤
난 허파에 바람을 가득 부풀리고
달마중 간다

매미

어느 날 세상에 홀로 와
동가숙(東家宿) 서가숙(西家宿)하다가
한여름을 뜨겁게 달군다

"맴 맴 맴 매에에 맴"
저토록 애잔한 노랠 부르고
해 질 녘 돼서야 고요에 묻힌다

뉘는 칠십 년 살다 가도
세월이 유수와 같다 하거늘
겨우 칠팔일의 짧은 생애

마지막 순간까지 발버둥 쳐도
피할 수 없는 숙명을 어찌할꼬
어이 슬프지 않으리까

아리랑고개

자벌레 마디마디 짚고 건너듯
생원들의 팔자(八字)걸음 쫓아
고고스런 정담(情談)이 고무줄처럼
늘었다 줄었다 한 고갯마루가 있다

티 맑은 옹달샘에서
'아리랑 아리랑 아라리요' 흐르는 가락
풀벌레 울음 소리 요란했던 아리랑 고개

무리 지어 날으는 철새들
불빛 번쩍이는 자동차만 무성할 뿐
별빛 무성했던 그날은 가고 없다

님은 갔어도
그곳엔
아직도 옛날의 거친 숨결이 머뭇거린다

* 아리랑고개 : 서울시 성북구에 소재함.

여로

바람이 내게 말했다

마지막이라면 갈 곳은 어딘가요
모릅니다
마지막으로 보고픈 사람은요
뭔가 잘못되어 볼 수가 없습니다

그리움이 짙게 펼친 하늘
팽이 돌리듯 빙빙 돌아간다

마디마디 꺾인 삶의 곡선
끊어질 듯 가쁜 숨을 할딱이다

때 이른 함박눈 내린 들녘
목화송이로 채색 드리운 논두렁
저리도 아름다운 풍광인 것을

한 모퉁이 허수아비
버림받고 가슴 시린 눈물을 쏟는다

흔적 없이 사라져간 길
또 다른 길 찾겠다고 허둥거리다

등대

태풍이 몰아치고
장대비가 쏟아져도
폭설이 퍼부어도
굴복하지 않는다

밤길 가는 철새들의
이정표가 되어주고

비틀대는 취객의
길잡이가 되어주고
이별의 사랑 이야기도
모두 불러 모은다

사랑을 잉태한 갈매기
서산 너머로 훨훨 날고

바닷가의 밤
외로운 등대는 속으로 운다

가마솥

먼 옛적 어느 날
황학동의 질퍽한 중앙시장
수만 개 그릇이 즐비하다
서너 곳 돌고 돌아 시선 멈춘 곳

촌티가 더덕더덕하고
거무튀튀한 가마솥 한 개를 샀다
솜이불 곱게 접듯 집에 메고 와
지푸라기 수세미로 빡빡 밀고 닦고

햅쌀과 서리태 콩을 푸짐하게
솥에 붓고 장작불 지핀 울 엄마
뚜껑이 들썩들썩일 때 땀이 송알송알
배불뚝이 된 그 맛을 어찌 잊으리까

허기 찬 세월에 잘록한 울 엄마
야멸찬 놈의 때 잃은 모정
얘야, 밥 먹어라
금시 잠든 나를 깨울 것 같은 울 엄마

호명호수

꼬불꼬불 숨찬 고갯마루
진달래 철쭉꽃이 눈길 주고

꾀꼬리 종달이 지저귐에
절로 취해버린 황홀한 비경
자연의 미로에서 허우적거린다

바람은 구름 되어 산허리 가르고
어디선가 들려오는 굴참나무의 메아리

한 세월 주름잡던 호랑이의 포효
멈춘 호명산은 산토끼가 주인 되고
별것 아닌 중생들만 가득 차 있네

여기가 호명호수(虎鳴湖水)
움츠렸던 거북이 한 마리 헤엄치고
백조 한 쌍이 기다린 듯 그 뒤를 쫓고

에라 모르겠다
옥잔디에 누워 파란 하늘 콕콕 찌른다

* 호명호수 : 가평군 청평면 상천리(호명산) 소재.

꿈

파도가 덮쳐 허우적거리다
겨우 뭍으로 기어오르다

어떤 때는 절벽에서 굴러
식은땀으로 온몸을 적시고

등 뒤에서 어슬렁대는 호랑이
머리카락 쭈뼛 서고 정신이 멍하다

한번은 눈이 큰
소피아 로렌 만나려 했으나
멀리 가버려 헛걸음쳤다

흉하면 길하고
길하면 흉하다는 엇박이 허상

갈 곳 없는 그리움
지우지 못할 환영(幻影)으로 부서지고

어둠 내린 광야
별들의 이야기만 간간이 흐른다

불효자

그해 어느 여름날
대청마루에서
아버지가 점심 드실 때
어머니의 부채는 연실 춤추고

보리밥에
소금에 절인 짠 무
풋고추를 고추장에 찍어
그토록 맛있게 잡수셨다

아직도
눈가에 어리는 그곳의 정담
어디론가
훌쩍 가버린 옛 그림자

아버지가 묵묵히 바라보던 비행기
어머니가 꿈도 못 꾼 긴 여행
난, 뉴욕행 비행기에서
비프스테이크와 와인을 먹었다

종로3가역

지하에서 지상으로
개미 떼가 용수철 튀듯 올라
발 빠르게 사방팔방 흩어지고

그 방향에서 다른 것들
몰려와 지하로 잠적한 후
어딘가로 떠나고

헐레벌떡 숨찬 하루
먹이 다툼의 그들은
허리끈 잡고 씨름을 한다

춥고 덥고 비 내려도
그 짓거리는 끝없이 이어지고
시곗바늘처럼 돌고 돈다

만남과 이별도
해가 뜨고 달이 지듯
삶은 거미줄이고 개미 같아라

빨래터

멀지 않은 옛적
이쁜이 아줌마 강씨 아줌마 춘천댁 큰집 새댁
약속이나 한 듯 빨랫감 머리에 이고
냇가 빨래터에 함께 모였다
자질구레한 무명적삼 바랭이 한 다발 뉘어 놓고
방망이질 철썩철썩 태질 소리에 겁먹은
개구리 메뚜기 떼 폴짝폴짝 달음박질친다

오늘의 식단은 아랫말 박서방이 도마 위에 올랐다
빈둥빈둥 놀고 있지만
막걸리 서넛 동이쯤 거뜬히 들이켜는 주당이고
흥타령 장타령 노랫가락은
먼 곳까지 소문난 소리꾼이기도 하다

허구한 날 늦잠 낮잠이지만
마누라만큼은 끔찍이도 사랑해준다는
칭찬인지 비아냥인지
시끌벅적한 웃음소리가 냇물을 뒤엎는다

하여간 김씨네 이씨네 숟가락 개수까지
얼버무려진 웃음보따리는 해 지는 줄 모르고
어느새 그럭저럭 노을 지는 빨래터의 하루

지금은 건축 공사한답시고
쇠망치꾼들의 뚱땅뚱땅 쇠 치는 소리가
호들갑 떨고 있다
추억이 서린 옛이야기의 빨래터
분칠한 아낙네의 웃음소리 사라지고
소리꾼 박서방도 이미 세상을 떠나가고

무상

바람은 세월을 도둑같이 훔치고
세월은 인생을 악어같이 삼키고
인생은 회오(悔悟)만 그림자로 남기고

저 멀리 재 너머에 동틀 무렵
부엉이 애잔한 울음소리 끊어지고
하늘가 별도 하나 둘 소리 없이 죽고

떠난 님은 지금 어디쯤 갔을까
세월의 유수(流水)함을
인생의 무상(無常)함을 누굴 탓하랴

점점점

점점점…
하나하나 이어가면

의사 선생 교수 화가 소설가
시인 음악가 농부라는 직종이 태어나고

더러는 도둑 날강도 파렴치한으로
그러나 효녀 열녀 효자가 태어난다

동그라미 삼각 사각형 억겁의 세월도
모든 것 하나하나의 점점점으로 이어진다

어떤 이는 행복의 기쁨을 듬뿍 주고
어떤 이는 불행의 슬픔을 주는 점점점

내겐 이것저것도 아닌
볼품없는 인생이라 그려놓고 점 찍었다

도요새 하늘 날다

태곳적 신비 은둔처 찾아
원초적 곡예 비행을 한다

구름과 구름 사이
바람과 바람 사이
끼어든 고독한 여정

높은 산봉우리 오르고
때론 망망대해를 껴안고
훨훨 날갯짓에 역경을 떨군다

극성 떨던 그 처자
카나리아 되리라
가시덤불 헤집다가
홀로 도요새 되어 먼 하늘만 날은다

생존의 법칙

빙빙 도는 하늘
솔개의 매서운 눈초리

풀섶의 들쥐를
날쌔게 낚아채고

구름 새 바람 새를
잽싸게 빠져나간다

큰 놈이나 작은 놈이나
목숨은 한 개일 뿐

제 것은 귀하고 남의 것은
파리 잡듯 일그러진 세상사

저 들쥐 중에도
혹여 파렴치한이 있는지

괜한 노파심인가
생존의 법칙인가

고향 생각

아직도 고향은 정다운 곳
산자락의 철쭉 진달래꽃
담장 너머의 앵두 살구꽃 피고

꾀꼴꾀꼴 뻐꾹뻐꾹
개골개골 귀뚤귀뚤 철 따라
아름다운 선율이 귓속 후비고

무서리 칠 때는
코스모스 향기 하늘하늘 울먹거려
그날의 정취를 길게 뿜어낸다

실버들 휘늘어진 냇가에서
긴 한숨 쉬이 내려놓고
잠시나마 쓰린 눈 비벼 보느니

옛집은 허물어져 오간 데 없고
잡초만이 주인인 양 행세하네
세월의 비정함을 어쩌랴

책 속의 길

선생님이 늘 이르는 말
책 속에 길이 있다고 했다
한 장씩 책장을 넘겨봐도
검정 혹은 빨강 글자가 있을 뿐
길은커녕 도랑도 아예 없다

장맛비가 긴 꼬리 내리고
하늬바람 하늘하늘 너울대는
하늘 높고 푸르름 펼친 계절

휑한 머릿속
지혜와 선심을 채웠으니
아마 이것을 뜻함이겠지
낙엽 지면 무엇의 무엇이란 것
그것이 진정 책 속의 길이었다

선인장

누가 사는지 몰라도
내 고향을 사막이라 한다

산에서나 자갈밭에서나
군소리 없이 물만 먹고도 견뎠고
빗물로 허기를 채울망정
결코 구걸은 하지 않았다

모진 세월에도
남을 해하거나 찌른 적도 없고
오직 푸른 향기로만 살아온 나날들

거센 폭풍우도 불같은 열기도
내 앞에선 두 손 번쩍 든다

누구는 바늘 같다 하고
누구는 가시라고 부르지만
내 맘이 선함을 많은 사람들이 안다

제4부

겨울비

까치밥

감나무 가지에 걸린 서너 개의 홍시
바람에 머릿결 일듯 찰랑대고
산자락엔 가을이 붉게 타오르고

오늘은 횡재했느니 '까악 까악'
홍시를 콕콕 쪼아대는 까막까치들

오르지도 못할 하늘 바라보고
누렁이 놈은 멍멍 짖어대며
내 눈치만 빤히 보고 있다

베푸심을 그들은 뭐라 말할까
삶은 과연 무엇이며 뭐라 느낄까

다람쥐

비 갠 청명한 초가을 날
저마다 신바람 난 뭇 생명들

푸르르 잠자리 떼 하늘 날고
움츠렸던 새들도 끼리끼리 날갯짓

빗물 가득 싣고 냇물은 강으로 떠나고
비 젖은 풀잎은 송이송이 구슬 반지 끼었네

죽은 듯 꼼짝 않던 땅속의 두더지
세상사 알든 모르든 땅굴만 마냥 파고

약삭빠른 다람쥐는 덩달아
두더지 흉내 낸다며 괜한 웅덩이를 파고 있다

봄이 오는 소리

보따리 길게 드리우고
인파에 떠밀려 쫓기듯
플랫폼에 겨우 주적거리다

쌍갈래 지평선
해죽대며 아침에서 저녁으로
마냥 줄행랑치고

차창에 얼비친 수묵화(水墨畵)
물안개는 거꾸로 솟구치고
별과 달도 구름에 숨고
땡땡이칠 듯 불쑥한 사슴 떼

여긴가 저긴가 보일 듯
짝꿍 놀던 그날들

팥죽 쑤었다 배고프지
할 것 같은 울 엄마

잃어버린 순간도
차마 못 잊을 님아

등산

굽이친 산마루 숲 가르고
산새 들새 어우러져 재잘재잘

앞서거니 뒤서거니 오르락내리락
공간의 틈새로 천지를 힘껏 부여잡고

김밥 한 줄로 허기 메우고
삶의 짜릿함을 홀로 만끽한다

어디선가 휘파람새 '휘익 휘익'
가슴 시린 찌든 탐욕 씻기우고

사흘 굶은 산비둘기
도깨비 쫓느라 바짝 포복하고

멧부리에 찔린 눈썹달
째진 눈 치켜뜨고 왈,
'시끄럽다' 버럭 소리 지른다

겨울비

마지막 사랑과 이별의 스카라
유성처럼 피눈물을 펑펑 쏟았다
한 뼘의 순정이지만 부평초 같은 마음
그때 그날의 사랑을 진정 못 잊어
오늘도 내 가슴에 내리는 겨울비
아 그리워라 내 사랑아

밤하늘 별들이 빛났던 충무로
지난 세월 난 떠돌이 방랑자였다
외로운 가로등 불빛 쓸쓸한 나의 마음
생각할수록 사랑은 아름다운 것
뜨거운 내 가슴에 흐르는 겨울비
아 영원하리 내 사랑아

가로등

가로등 불꽃이 도란도란 핀 곳
짝꿍들의 풀잎 사랑이 그윽하다

한 켠 자락 서넛 어르신의 장기판
차 장 받아라 포 장 받아라
군침 도는 훈수마저 희희낙락하다

다른 곳
곤드레만드레 거나한 취객들
번데기 주름 활짝 펴니 모래바람 일고

옆의 망나니 왈
더럽다 더러워 잡것들아
처신도 까먹은 주제에 냅다 소릴 지른다

옥자동이 삽사리는
덩달아 옥타브 높여 투정해대고
가로등은
나 몰라라 마냥 꾸벅꾸벅 졸고 있다

나를 슬프게 하는 것

짝 잃고 떠나는 외기러기
비바람에 무너진 까치집

뱀에게 먹힌 개구리
유리창에 부딪쳐 죽은 비둘기

도살장으로 끌려간 소
올가미에 걸려든 멧돼지

갈 곳 없이 나뒹구는 신발
잡초 무성한 옛 정 서린 초가집

가쁜 숨 몰아쉬는 중환자
어미 찾는 아기 울음소리

어찌 슬프지 아니하리
한 달에 한 번쯤 손수건이
흠뻑 젖어 걸레질 치듯 울고픈 마음

빛바랜 일기장

열중 쉬엇
차렷
앞으로나란히
바로

보건 체조 시작
하나 둘 셋 넷
둘둘 셋 넷

백 미터 달리기
이백 미터 계주
풍선 터뜨리기
밧줄 당기기

삼삼칠 박수
청군 이겨라
백군 이겨라

그날의 함성은 떠나고
이젠
돌아올 수 없는 초록빛
얼굴들이 창가에 머문다

독백

무심코 바라본 거울
어디선가 본 듯한 얼굴

초롱초롱한 푸르름은 짓밟히고
빨랫줄 비틀 듯 새긴 이마

피둥피둥한 볼
움푹 꺼져 심술 가득 찬 눈빛

어슴푸레한 노을에 꺾여
나동그라진 능금알 같다

볼품없는 저 사람이
진정 나였단 말인가

당당하고 요란했던 그날들
어디쯤 숨었을까 떠났을까

낙엽 구르듯 아쉬움 떨구고
의기양양한 봄은 정녕 오는가

시를 쓰는 이유

시는
화려하거나 초라하거나
다정다감하지도 않다

선녀와 나무꾼 이야기
평강공주와 바보온달의 사랑은
녹슨 세월의 애틋함은 여전하다

폭풍우 지난 후 햇살이 돋고
온누리에 꽃이 피고 지듯
세상만사 시곗바늘처럼 돌고 돈다

고뇌와 탐욕으로 점철된 삶
꿈과 희망은 한껏 안고픈 것
허기 찬 목마름에 손끝 시리다

그러함에
바람과 구름을 잇는 사다리 같은 것
내 세 치 혀는 시를 쓸 수밖에 없다

나이테

구름 가듯 강물 흐르듯
빨리도 간 세월
절반 이상은 이미 써버렸고
빈 깡통이 달랑 남았다

누가
모자란다고 보태줄 리도
나무랄 일도 결코 아니고
그렇다고 자랑할 것 아닌데

누가
눈물 바가지 덤터기 씌울까
괜한 걱정거리 앞설 뿐이다

저 멀리 기어간 땅거미
해넘이 전
목청 돋워 멋진 한 곡 뽑을까 보다

해녀(海女)

바닷새 날갯짓에
순정을 아낌없이 바치고

뱃고동 울 때마다
메아리 되어 흘러간 애잔한 삶

휘—익 휘—익
뉘 부르는 휘파람소리

오늘도 곡예사인 양 파도 타고
검푸른 물살을 헤쳐간다

지아비를 섬김인지
자식을 위함인지

해 지고 달 져도
그대는 프리마돈나

어머니

흘러간 강물은 거슬러 오지 못하고
지나간 바람은 돌아오지 못하고
떠나간 세월은 살아오지 못하고

어머니 떠난 뒷동산
아름아름 진달래꽃 피고
송아지 울음소리 여전하네

시름 젖은 별들의 밤샘
산 너울 소쩍새의 핏빛 울음
뉘 있어 달랠까

무심천 떠가는 조각달아
떨치지 못한 그리움
가득 싣고 멀리 가려므나

파도

바람 타고
쉼 없이 달려온 연인들
구름 오르듯 나래 펴고
열정의 포옹을 한다
철썩철썩 스텝에 맞춰
오르락내리락 스윙한다
사랑은 아름다워라

그리고 일순간
하얀 드레스
파란 턱시도를 훌훌 벗고
고래처럼 유영할 때
사랑은 허기 속에 허우적거리다
여기까지
그들의 인연은 끝이다

새우

잘못된 운명이라 자위하며
뭇 시선도 아랑곳하지 않고
삶의 좌절이나 후회는 결코 없었다

젊거나 늙거나를 막론하고
곡괭이처럼 낫처럼 굽은 허리
절룩이며 용수철 튀듯함이 안쓰럽다

넘어지지 않을 곳에서 넘어지듯
죽을 수 없는 물에서 빠져 죽듯
모질게 비정한 자태가 저리도 눈물겹다

배고픈 설움 견딜 수 없어
허우적거리다 그물에 걸리기도
아차 순간에 고래 밥 되기도 한다

조개구이

이유도 모른 채 잡힌 조개무리
숯불에서 처참하게 화장(火葬)당할 때
저 멀리 흑산도가 아른거리고 서러워라

한때 망망대해를 맘껏 주름잡고
갯벌에서 옹기종기 모여 정을 나누고
비릿한 해풍에 밀려 오고간 여정(餘情)

평생 한 벌인 껍데기 자락
활활 불길에 휩싸여 죽임당하고
굶주린 늑대들은 사정없이
살기(殺氣) 서린 이빨로 시체를 뜯는다

어부가

가시줄에 걸려든 목숨
처절한 생사의 기로에서
아등바등대는 오징어 군무

찢겨진 빛바랜 이정표
못다 부른 나의 노래는
파도에 떠밀려 간다

오늘도 한 그물 던지고
마도로스 목청 돋은 흥타령
어우렁 더우렁 어와둥둥 풍어일세

짭짤스런 아낙네 눈짓에
호롱불 켠 포구의 사랑

비릿한 해풍 머금은 채
부서지는 황혼의 엘레지

연어

붉게 물든 해 질 녘
해일처럼 밀려오는
하얀 고독
두려움에 허우적거리다

하루, 하루
모질게 흩어지는 회한(悔恨)
이토록
공허한 삶의 여로인가

세찬 계곡물 거슬러 오르는
잉태한 연어 떼
옷 한 벌 걸치지 않았어도
저리도 멋진 것을

아, 그렇구나
이제라도 무거운 짐 훌훌 벗고
무지갯빛 영롱한 새벽
부서지도록 포옹하고 싶다

폭설

그해 겨울
해일(海溢)처럼 밀려든 폭설
논두렁 밭두렁 오간 데 없고
수만 마리 닭이 생매장당했다

맨살 찢긴 나뭇가지는
뼈다귀만 앙상하게 드러내고
산사의 목탁소리 끊기고
새들의 종적이 묘연하다

실오라기 하나 걸치지 못한
까만 눈썹이 하얗게 시린 밤
흰 눈이 새록새록 쌓이는데
창가의 응어리 진 가슴 서럽다

오욕(五欲)에 찬
세태를 폭설이 종일 걸레질하다

미로

강물이 꽁꽁 언 엄동설한
자동차 매연 속 숨 막힌 거리
불빛 미끄러지는 아스팔트 길

저들은 뭐가 좋길래
호호탕탕 하며
시시덕거리고 아우성일까

내겐
허기 채울 맹물도 없는데
목구멍에 헛기침만 가득하다

제5부

티켓

휘파람

휘파람 불면
퍼붓던 소낙비가 사그라지고
거센 파도도 잠든다 하고
동면 중인 뱀도 깨어나 춤춘다 한다

오므린 입술 사이로 기어 나와
카나리아처럼 노랠 부르고
고양이 울음 흉내도 내고
형체나 볼 수도 없는 휘파람

한땐 창문 두드려
사랑을 구가하는 신호탄이었다
기쁠 때 휘파람을 불어요
슬플 때도 나직이 휘파람을 불어요

가요 콘서트

고고(孤高)한 불빛 젖은 무대
여린 몸 불태우는 정열의 새내기들
자전거 바퀴 돌 듯
탱탱한 엉덩이가 빙빙 돈다

모두가 백옥같이 예쁜 다리
동서남북 콕콕 찍는 빨강 하이힐
좌우로 앞뒤로 넘나드는 엇박자

목청 터진 노랫소리
오장육부가 출렁이는 후끈한 열기
딸깍 박수에 괴성이 들썩대는 관객
신바람 난 가희(歌姬)와 무희(舞姬)들

몸매도 아니 질세라 흠 없고
미려한 음향에 아리아리한 춤
초콜릿 넣은 파김치 맛이기도
햇사과 썰어 넣은 물김치 맛 같기도 하다

옥수수

지하철역 노점
거무튀튀한 까만 솥에서
갓 쪄낸 옥수수에 군침이 돈다

넉살 좋은 아지매 왈
한 봉지는 이천 원
두 봉지는 삼천 원
말 잘하면 공짜라며
노랫가락에 입맛을 싸구려로 판다

하모니카 불 듯한 감칠맛
모락모락 김이 서린 고향 맛
예전이나 지금이나 쫀득한 그 맛

아지매 고향은 접어두고
그 옥수수가 살았던
고향의 흔적은 얼마큼 남았을까

씨앗과의 이별

뿌린 씨앗이 잘 커서
알찬 열매를 맺는다면
얼마나 좋을까

내 삶의
화창한 봄날은 어디쯤일까

두렵고 서러운 것은
뜨거운 사랑이나
슬픈 이별도
주검의 공포도 아니며
호의호식 못한 것은 더더욱 아니다

어느 날 갑자기
생(生)의 종점에서
뿌린 씨앗과의 이별이다

소매치기

저 사람 모르시나요
모릅니다

저 사람 데려가 주면 좋겠네요
난, 싫소이다

저 사람 주머니를 누가 털었나요
글쎄요
하긴, 구만구천 원 있습디다

스토리텔러의 한 토막

우리 회사에 입사지원을
왜 하였나요 라고 물었다

월급이 많다고 하던데요
적성이 맞는 것 같아서요
비전이 있어 보이니까요
잘나가는 회사잖아요
때가 오면 사장 해보려구요
매번 떨어져 마지막 냈어요

사장이 재차 질문을 던졌다
그대들이 사장이라면
만약 내가 입사지원 후보라면
나를 사원으로 채용할 수 있나요

모두가 대답 못 하고
서로 눈치만 주고 받고 하다가

지원자 하나가 답하기를
그때 가봐야 알겠네요
다른 지원자 왈
사장님을 꼭 채용하겠습니다

성격이 급한 지원자 왈
농담이 지나치네요

각각 대답이 달랐다
사장은 과연 누굴 선택할까

가을 여행

설익은 잠
비몽사몽(非夢似夢)의 길

먼 산 아지랑이
햇살 안고 찌든 때를 훌훌 벗기고

앞산 나뭇가지에 겹 달린 밤송이
메기처럼 쩍 입 벌리고
벙글벙글 어스레한 추파 던지고

희뽀얀 허벅지의 숨결 멎은
배추들의 아리아리한 길쌈 이야기
번뜩이는 푸르름 간직한
무들의 허무한 가을 이야기

점 찍은 능금알은
부잣집 맏며느리감
빨간 립스틱 바르고 향수 뿌리고
시집갈 채비에 눈코 뜰 새 없고

철길 쫓아 핀 코스모스
하얀 빨강 연분홍 드레스 차려입고

새신랑 보겠다고 제 딴에 야단법석이다

하늘도 땅도
그들의 세상 이야기로 피범벅이다

더부살이 삼 년에 보릿쌀 서 말
딱 한 번의 희희낙락 소망 찬 하루

이판사판

멧돼지와 반달곰
죽느냐 사느냐 물고 할퀴는
영역 다툼을 하다

잡놈이 행인에게
괜한 욕설과 행패 부리고
똥개는 보다 못해 으르렁거리다

울화가 치민 하늘이
우당탕 벼락 때리니
파도가 아니 질세라
흰 거품 입에 물고 욕질하다

미친놈도 큰소릴치니
고양이가
슬그머니 줄행랑치다

티켓

뮤지컬 티켓을 구했었다
어쩌다가 친구가 대신 갔는데
볼만하다는 감탄에 뿌듯했다

공짜로 쓰게 된 선심
실은 비싼 VIP 티켓이다
내 깊은 정을 그가 알까

이제 누구도 대신할 수 없는 오직
홀로 가는 황혼 열차의 티켓
윤회(輪迴)의 종점에서 낙하하겠지

생의 반환점으로 귀의하는 여로(旅路)
선심 쓸 친구나 연인이 세상에 몇일까

때 이르면
피할 수 없는 숙명의 판타지아 울리고

지하철 2호선

강철 제국의 둘째로 태어나
온갖 시련 겪고 쉴 틈 없이

비가 오나 눈이 오나
덥거나 춥거나 낮과 밤을
쳇바퀴 돌 듯 동그라미 그리며
도심의 한복판을 빙글빙글 돈다

만삭의 임산부 어린이 어른들
장애인 학생 직장인 가득 태우고

이번 역은 이대 다음은 신촌
당산철교로 한강을 건너 신도림, 잠실

잠실철교로 한강을 건너 한양대
을지로 지나 시청에서 가쁜 숨 몰아쉰다

문 열어 내려주고 태우며 문 닫고
목메이게 불러본 수백의 그 이름

햇빛 두려워 땅속 헤집고
동굴 속 엎드려 달려가는 두더지 삶

발바닥은 철로 위서 불덩이 되고
구슬 땀방울의 열기가 고달퍼도
좋은 이웃과 친구들 다 함께 어울리는
여행의 즐거움을 그 무엇에 비할까

그도 좋은 시절이 있었을 게다

풀 죽고 기 꺾인
희멀건 애처로운 눈동자

찢긴 바짓가랑이 새로
거시기가 보일 듯 말듯
먹물 튄 발가락이 꿈틀거린다

세월이 그를 버렸나
그가 세월을 버렸나

한때
그도 좋은 시절이 있었을 게다

내 팔자나 그 팔자나
세월 잡아먹긴 같을 테고
아직은 세월이 남았으니
그나마 천만다행이다

일간 신문을 넌지시 놓고
동틀 무렵 잠 깨라 일렀다

폐점

맘씨 착한 아줌마의 후한 먹거리
연인들의 아기자기한 향 내음 날고
호탕한 주객들의 박장대소 울리고
깨알 같은 정담이 왁자지껄이던 곳

이젠 모두가 떠난 식당
한 켠엔 식단 차림표가 뒹굴고
먼지 쓴 벽시계는 두 손 종일 들고
술병과 밥주걱이 널브러져 있다

허전한 가슴 서성일 때
괜한 눈물에 소맷부리 젖고
서릿발 한기(寒氣)가 엄습한다
인생도 폐점하면 저리 되겠지

못된 놈

덕수궁 묻길래 모르오
서울역 어디죠 몰라요
한강 찾길래 모른다 했다

어이없다는 듯
못된 놈 하는 눈치다

천연스럽게
모른다고 시치미 뗐으나
가슴 한 켠 뭉클하다

구두

새 구두를 신었으나
아무래도 멋쩍은 폼이다

사장이 신었다면
맘껏 폼 잡고 으쓱대겠지

궁합이 좋으면
의사나 회사원
선생 또는 군인의 길잡이 되고

궁합이 나쁘면
도둑이나 야바위꾼
범죄나 악당의 발잡이 되고

한세상
풍요롭던지 궁핍하던지
하여간 거리를 누빈다

언젠가는
길가에 버려지거나
쓰레기로 전락하는 신세로다

구인광고

눈 아플 때 안약 넣어주고
빈 배 속을 가득 채워줄 분

눈썹 언저리 잡초 뽑고
잠꼬대할 때 깨워줄 분

겹겹의 비듬 머리 씻기고
이름 부드럽게 불러줄 분

덜컥거리는 심장박동 소리
밤낮 눈여겨보며 지켜줄 분

탐욕에 찬 지문 벗겨주고
착한 맘 쌓이게 훈계할 분

선착순으로 모집하오니
봉사할 분 응모 바랍니다

여의사

미국은 드넓은 나라
끝없이 펼쳐진 대평원
어디가 시작이고 끝인가
오직 달리는 자동차만이
하늘보다 넓다는 것을 말해 준다

사막의 오아시스 같은 존재
한 떨기 백합화 같은 눈동자
엘리샤 예슬(Elisa Yeseul) 교수
자상한 교육자이며 의사인 미국인
한국의 신사임당 같은 인물이다

미국의 태양도 동쪽에서 뜨고
그의 해맑은 미소와 손길로
하루 해가 서쪽으로 지는 것을 보았다

짝

오른쪽의 반대쪽은 여기 같은데
먼 곳의 반대쪽은 어느 곳일까

밤의 반대쪽은 어떤 색깔일까
동쪽의 반대쪽은 아마 저기 같다

산마루에 길게 누운 만삭의 달
새벽녘 되고서야 그 별은 떠나고

눈 내린 골목에 서성대는 검정 개
너의 반대쪽은 어느 골목 누군가

고무줄 당기듯 가랑비 내리듯
그는 왜 발목을 자꾸 붙잡을까

사진첩

창문 틈새 삐죽 내민 불빛
이야기꽃 만발한 사랑방

검은 고양이 도망가고
흰 고양이 눈 비비고 이슬 먹고

족제비가 널뛰듯
줄달음친 담장 너머로
한나절 주룩주룩 내리는 비

아지랑이 나부끼는 들판
골방 한 켠에
향수(鄕愁) 짙은 사진첩

별 보고 달 보고
거꾸로 봐도 지난날은
단 하루도 돌아올 수 없다

산사의 종소리 울릴 때
향수 짙은 추억은 허공 가르고
연기처럼 학처럼 훨훨 날겠지

이별 1

잡았던 손이 풀어지고
초점 잃은 눈동자는 뭔가
응시하려는 듯 안간힘을 쏟고

구름같이 흘러가고
스쳐 가는 바람처럼
잠시 머물다 가는 객정(客程)

욕심내고 투덜대고 다툼으로
얼룩진 흔적을 지우지도 못한 채

초라한 육신을 남겨두고
저편 하늘에 떠나는 영혼
내 시선이 닿을 수 없는 먼 곳이리

명예도 물질도 하잘것없는데
이토록 허무함을 어머닌 몰랐을까

이제 남은 것은 아무것도 없다
기약 없는 이별 또 이별이 기다릴 뿐

이별 2

이별이란 두 글자가
내 곁에 없으면 좋겠다

꽃은 죽어 향기를 잃고
강물은 흘러 바다에서 사라지고

바람은 구름과 어우러져
한줄기 빗물로 죽어가고

땀 냄새 흥건해도
다가올 그 사람은 이미 떠났는데

바닷가 모래알처럼 구르는
못다 한 옛이야기는 뉘가 들어주랴

꿈이 지다

이끼처럼 낀 4월 어느 날
너무나도 참혹한 비극을 초래했다

채 피우지 못한 꽃봉오리
왜 파아란 어린 새싹들을
무참한 물벼락으로 하늘에 데려갔나

저 멀리 꺼져가는 등댓불처럼
눈물이 넘쳐 출렁이는 바닷가
흐느끼는 후조(候鳥)마냥 아스라하다

수만 년
수억 년
억겁의 윤회도 무색한 비운의 행렬

저토록 처절한 통곡의 심연(深淵)
심장이 터진 토혈에
어매는 서천(西天)의 붉은 노을이 되다

홍진표 사물시의 존재론적 허무의식 극복

— 3시집 『여명의 숲』 해설

石蘭史 이수화
(사)세계문인협회 고문, 한국문인협회 · 국제펜클럽 한국본부 원임부이사장

이 시집 『여명의 숲』은 홍진표 3시집이다. 어떤 세계일까. 1시집 『죽어도 아니 죽어도』(2010. 4. 도서출판 천우 刊)에서 그는,

사랑의 이별은 아지랑이 되고
사랑의 슬픔은 눈물이 되고

남모르게 보일 듯 말 듯
아른아른거리는 아지랑이 같은 것
흐르는 눈물이 되어
눈물은 이슬비 되고
강물로 가는 것을 보았다

—「아지랑이」 전문

—로 대표되는 리리시즘으로 맑고 청풍 가득한 서정시의 세계를 구현했다. 그리고 2시집 『그리움으로 별이 뜨는 밤』(2011. 9. 도서출판 천우 刊)에서는 사물시(事物詩, Physical poetry)가 주류를 이룬 이미지즘 시의 미학을 성취하는 쾌거를 보였다. 가령,

흑 구렁이 한 마리
팔딱 뛰는 생선
배불리 먹고
잽싸게
쇠 줄 타고 내뺀다
체했나
가다 서서 꾸역꾸역 토하고
토한 만큼 또 먹고
굴 속으로 기어가고

—「전철 1호선」 부분

—에서 보이듯 흑 구렁이 한 마리로 유의(喩義, Vehicle)한 전철이 승객을 싣고 내리고 달리는 바의 사물 그대로만의 이미저리를 형상화한다. 인간의 여하한 의식도 개입되지 않고 사물 그대로만을 묘파하는 기법, 즉 이 기법이 사물시, 이미지즘시 기법이라는 것이다. 때문에 세계문학사적으로도 이미지즘시의 거장들인 에즈라 파운드(Ezra Pound, 1885~1972)니, 존 크로우 랜섬(John Crowe Ronsom, 1888~1974)이니 하는 이미지스트들과 한국의 정지용, 김기림, 박목월(朴木月은 이미지스트라기보다는 청폭파라는 사물시파)과 같

은 인간의 삶이 소거된 비전통(非傳統) 정신 시세계 형상화에 그쳤다. 홍진표 시의 이미지즘 역시 저러한 사물시의 인간 부재 시세계가 형성됐던 바, 그 사물시 미학만은 뛰어난 평가를 확보했던 것이다. 이와 같은 1시집의 리리시즘을 거쳐 2시집의 사물시 미학 형상화에 이은 이번 3시집은 어떤 형상화의 세계인가. 이제부터 그 구체상을 주밀하게 검토해 이 평설글의 오메가에 도달해볼까 한다. 1시집, 2시집에 이은 홍진표 3시집의 새로운 시세계를 열어본다는 것은 미상불 그 미지의 세계에 대한 흥미로움과 아울러 작품의 정서적 해조(諧調)로 인한 삶의 쇄신 의지와 쾌적감에 대한 기대가 적잖이 작용하는 것이다. 과연 그럴 것인가, 텍스트부터 주목하기로 한다.

채찍으로 맞으며
눈물조차 메마른 채
머슴살이 죽도록 하고

고달픈 길
뒤돌아볼 겨를 없이
내 삶이려니 자위하며

헛간에서 홀로 지새운 밤
반짝이는 별 헤아리며
세월을 씹고 되새김질했다

죽어서는 못된 놈까지
어우르는 영양식 되기도 하고

사기꾼 꾐에 걸려
악명의 뿔도장 되기도 하고

뭇 사람들 구두가 된 껍데기는
세상을 발 빠르게 더듬거렸다

—「소」 전문

예시(例詩)는 이번 홍진표 3시집 『여명의 숲』(2014. 6. 도서출판 천우 刊)에서 직전 2시집에 형상화해 홍진표 시예술 미학의 탁월성을 과시한 사물시(이미지즘시) 경계를 뛰어넘는 문제적 텍스트이다. 한마디로 말해 예시 「소」는 '소'라는 사물(대상)의 이미지에 의탁해 그(소)의 삶을 인간의 '채찍으로 머슴살이한 고달픈 노예살이'로 은유하고 있는 것이다. 이미지즘 시로서의 미학은 성취했으되 지난 세기 모더니즘시(사물시)가 인간의 삶(전통 · 역사의식 등)의 진상을 그 이미지즘 미학에 포괄시키지 못했던 약점을 확연히 극복해 내고 있는 작품이라 하겠다. 거듭 말해 '소'라는 사물(존재)만을 묘사해 보이는 것이 아니라 '소'라는 사물의 존재론적 현상학을 형상화 보여주고 있다는 얘기다. 더구나 2~3행씩의 연(硏) 구분에 소[牛]의 일생을 축약하는 이미저리 구사와 그 표상을 위한 어조(語調, Tone)의 정련된 호흡, 그리고 기승전결의 주밀한 구성과 구어체(口語體)의 표현 언어는 이 작품의 뛰어난 작품성을 구축하는 여러 요소가 되어주고 있다. 현대시(모더니즘 주지주의시) 개척의 대부로 불리는 T.S 엘리엇 식으로 말하자면 17세기 존 던 일파의 형이상학파시

(Metaphysical school poetry)를 일보 발전시켜 이른바 사상(思想)과 감정(感情)을 위일융합시킨 감수성 구현의 시에 도달한 것이다. 덧붙여 말해, 장미꽃 그것만이 아닌 장미꽃 '냄새' 까지 맡을 수 있게 장미꽃이라는 시를 쓰고 있다는 말이다. 그리고 그것은 '장미꽃' 이 아니라 예시와 같이 인간의 삶을 말하고 있어야 한다는 것이겠다.

새 구두를 신었으나
아무래도 멋쩍은 폼이다

사장이 신었다면
맘껏 폼 잡고 으쓱대겠지

궁합이 좋으면
의사나 회사원
선생 또는 군인의 길잡이 되고

궁합이 나쁘면
도둑이나 야바위꾼
범죄나 악당의 발잡이 되고

한세상
풍요롭던지 궁핍하던지
하여간 거리를 누빈다

언젠가는
길가에 버려지거나

쓰레기로 전락하는 신세로다

—「구두」 전문

예시의 화자는 메타 텍스트로 입안(立案)된 '구두' 이다. 새 구두이다. 인간 존재를 은유하고 있다. 새 구두를 신은 사람들의 사회적 성분을 그 다종다양한 행위 주체성으로 분류 전개하면서 이 행위 주체의 부속물로 사용되는 '구두' 의 (화자의) 운명에 시적 시선을 집중하고 있다. 이는 산업사회의 갑(甲 : 고용자)과 을(乙 : 피고용자)의 삶의 관계 설정으로 파악할 수 있겠다. '궁합' 이라는 시니피앙(기표(記標) · Signifiant)이 바로 그 '관계' 의 유의(喩義, Vehicle)로써 현대 사회 인간 관계의 샤머니즘을 나타내는 기호이다. 사회 속을 떠다니는 노마디스트(유목민)인 현대 도시의 샐러리맨으로부터 고위 정객에 이르기까지 저 예시에 군림하듯 하고 있는 궁합이라는 갑과 을의 인간관계가 샤머니즘처럼 알 수 없는 미궁 속 관계 맺기로 이해되기 일쑤인게 현실 사회 풍속의 단면이기도 한 것이다.

예시의 '구두', 즉 우리 인간 존재란 그렇게 예시처럼(후말 스탠자) 언젠가는 버려지거나 쓰레기로 전락하는 신세란 것이 이 홍진표 사물시의 존재론적 허무의식이다. 전작(前作) 「소」에서도 엄존하는 홍진표 시의 이 허무의식이야말로 대안(代案)이 없는 삶의 질곡인가. 물론 니질니즘(허무주의)의 창시자 니체의 영겁회귀 사상은 허무의식의 극복을 이미 명확하게 제시한 바 있다. 그것은 인간의 성실함, 즉 영원토록 반복

되는 허무감에 대한 극기 의지로 우리 인간 안의 성실성을 제시했다. 인간은 본질적으로 일어나는 허무감에 대해 성실을 다해 사태를 해결해나감으로써 그 허무의식을 극복할 수 있다는 것이다. 파도에 깎이우는 바위 표면은 언젠가는 깎이어 평평한 사면이 되는 것과 같이 그것(바위)은 영겁을 두고 일어나는 허무와 성실성의 과정이라는 것이다. 인간도 그렇게 성실과 허무의 반복 과정을 알아서 그렇게 허무의식을 극기의식으로 존재 전위를 해야 한다. 홍진표 시의 표상은 어떤가를 주목할 대목이다. 예시 「구두」가 허무의식의 인간 존재를 노래하고 있다면(행두 넘버는 평설자의 것임)

①
뿌린 씨앗이 잘 커서
알찬 열매를 맺는다면
얼마나 좋을까

내 삶의
화창한 봄날은 어디쯤일까

두렵고 서러운 것은
뜨거운 사랑이나
슬픈 이별도
주검의 공포도 아니며
호의호식 못한 것은 더더욱 아니다

어느 날 갑자기

생(生)의 종점에서
뿌린 씨앗과의 이별이다

—「씨앗과의 이별」 전문

②
이별이란 두 글자가
내 곁에 없으면 좋겠다

꽃은 죽어 향기를 잃고
강물은 흘러 바다에서 사라지고

바람은 구름과 어우러져
한줄기 빗물로 죽어가고

땀 냄새 흥건해도
다가올 그 사람은 이미 떠났는데

바닷가 모래알처럼 구르는
못다 한 옛이야기는 뉘가 들어주랴

—「이별 2」 전문

예시 ①은 「씨앗과의 이별」이고 ②는 「이별 2」이다. 나란히 병렬 예시한 것은 같은 허무의식의 구현물이지만 ①은 인간의 종족 번식의 법칙성에 대한 회의와 아울러 존재론적 애상(哀傷)을 표상했음에 비해, ②는 존재론적이기보다는 인간의 애별리고(愛別離苦)를 노래하고 있다는 변별성에 있다. 어쨌거나 ①과 ②는 다 같이 인간의 일이다. 인간 삶의 문제인 것이다. 존재론적 허무의식이 죽음과 직결돼 있음을 ①의 후말련은 강고한 메시지로 표상해 보인다. 인간의 궁극적 존재론에 대한 반문이기도 하다. ②는 우리의 삶의 도정에서 번연히 일어날 수 있는 별리(別離)를 메별(袂別-눈물 젖은 옷소매 부여잡고 이별함)의 시니피에(기의(記意)·Signifie)로까지 고양시켜 표상하여 ①의 사별(死別)과의 변별성을 극대화하고 있는 것이다. 따라서 이들 텍스트가 내함하고 있는 존재론적 허무의식은 ①의 것이고, ②는 삶의 형식 단계로 파악할 수 있다. 아니, 시인의 허무의식은 ①과 ②에서처럼 우리 삶의 전방위적인 것임을 시사하는 것이다. 결코 허무의식의 극기상, 즉 니체의 영겁회귀 의식의 편린도 보이지 않는다. 그럼에도 홍진표 사물시의 기미가 살아 있음은 그가 도저한 이미지스트(2시집에서의) 시인임을 방증해 주는 호조건이라 할 것이다. 그렇다면 홍진표 사물시의 허무의식 극복 의지는 있기나 한 것인가?!

①
바닷새 날갯짓에
순정을 아낌없이 바치고

뱃고동 울 때마다
메아리 되어 흘러간 애잔한 삶

휘—익 휘—익
뉘 부르는 휘파람소리

오늘도 곡예사인 양 파도 타고
검푸른 물살을 헤쳐간다

지아비를 섬김인지
자식을 위함인지

해 지고 달 져도
그대는 프리마돈나

—「해녀(海女)」 전문

②
구름 가듯 강물 흐르듯
빨리도 간 세월
절반 이상은 이미 써버렸고
빈 깡통이 달랑 남았다

누가
모자란다고 보태줄 리도
나무랄 일도 결코 아니고
그렇다고 자랑할 것 아닌데

누가
눈물 바가지 덤터기 씌울까
괜한 걱정거리 앞설 뿐이다

저 멀리 기어간 땅거미
해넘이 전

목청 돋워 멋진 한 곡 뽑을까 보다

—「나이테」 전문

③

휘파람 불면
퍼붓던 소낙비가 사그라지고
거센 파도도 잠든다 하고
동면 중인 뱀도 깨어나 춤춘다 한다

오므린 입술 사이로 기어 나와
카나리아처럼 노랠 부르고
고양이 울음 흉내도 내고
형체나 볼 수도 없는 휘파람

한땐 창문 두드려
사랑을 구가하는 신호탄이었다
기쁠 때 휘파람을 불어요
슬플 때도 나직이 휘파람을 불어요

—「휘파람」 전문

예시 ①「해녀(海女)」 ②「나이테」 ③「휘파람」에 구현, 표상화되고 있는 홍진표 시의 허무의식에 대한 길항의지(拮抗意志)는 그 일정한 위상의 미학 성취와 더불어 확연한 극기상을 표상하고 있음을 볼 수 있다.

먼저 ①의 경우, 해녀를 보는 화자의 시점이 해녀의 존재론적 내외면(內外面)을 통합해 보고 있음이 시적 전향성의 단초가 되어주고 있다. 그것은 화자가 해녀를 관찰자의 시선에 포착하고 있는 것이 아니라, 해녀가 될 존재론적 전위(轉位)의 삶을 통찰해 보여준다는 점이다. 해녀의 고해(苦海)로서의 낭만주의 시선 따위가 조금도 틈입할 수 없는 시인(홍진표)의 의식 스턴스(Stance)가 이미 니힐리즘을 극복하고자 하는 것임을 정제된 감성으로 드러내 보여주고 있다는 얘기다. 이제 홍진표 시의 허무주의 극복 의지는 저 앞의 「씨앗과의 이별」, 「이별 2」에 전방위적 표상으로 제기된 존재론적 허무의식으로부터 진일보한 극기 상황을 드러내 보이고 있다 하겠다. 매우 건장한 허무의식의 해소책으로 판단된다. 예시 ②는 후말련 후말행에 예시 ①의 후말행 "그대는 프리마돈나"와 같은 산뜻한 비유로 고해(苦海) 속 해녀의 존재론적 위상을 감성화했듯 여기서(예시 ②)도 "목청 돋워 멋진 한 곡 뽑을까 보다"라고 허무주의로부터의 영겁회귀성 성실함의 자세를 여롭게 표상해보이고 있는 것이다. 그리고 예시 ③에서는 홍진표 사물시의 니힐리즘은 거뜬히 극복한 것으로 그 시적 미학의 완성도는 확연히 정립돼 있는 것으로 표현되어 있다. 참으로 시인(홍진표)의 전도가 형형히 빛 부셔오는 시인의 시적 터닝포인트가 아닌가 한다. 이 말은 홍진표 사물시가 사물시의 세계 문학사적인 한계이며, 이미 지즘 시의 퇴장을 부른 현대시의 전통 부재, 역사의식 부재를 극복하고 인간의 존재론적 허무의식 극복의 새로운 시세계로의 진입을 뜻한다. 그것이 엘리엇이 17세기 형이상학파시에서 진일보한 현대시(모더니즘시) 개척 방법인 사상과 감정의 통합된 감수성의 시세계 개간임은 이미 저 앞에서 거론한 바 있다.

홍진표 시세계(사물시 허무주의 극복의 시세계)의 새로운 경계를 알리는 텍스트로부터 주목한다.

눈 아플 때 안약 넣어주고
빈 배 속을 가득 채워줄 분

눈썹 언저리 잡초 뽑고
잠꼬대할 때 깨워줄 분

겹겹의 비듬 머리 씻기고
이름 부드럽게 불러줄 분

덜컥거리는 심장박동 소리
밤낮 눈여겨보며 지켜줄 분

탐욕에 찬 지문 벗겨주고
착한 맘 쌓이게 훈계할 분

선착순으로 모집하오니
봉사할 분 응모 바랍니다

—「구인광고」 전문

홍진표 사물시는 예시에서 그 흔적조차 찾아볼 수 없는 시세계를 열어 보인다. 이는 사고(사상(思想))의 존재론적 스펙트럼을 감정의 강렬한 예각성과 통합시켜 시적 결론에 간곡함의 감성을 제시하고 있는 것을 말한다. 이른바 사상과 감정의 통합된 감수성을 장미 냄새처럼 독자에게 직감시켜주는 것이다. 그 객관적 상관물이 메타텍스트인 「구인광고」이고, 컨시이트(Conceit, 기상(奇想))들이 첫 행의 가상 행위, 2연 1행의 눈썹 언저리 잡초, 3연 1행 겹겹의 비듬머리, 덜컥거리는 심장, 저 시적 상황의 봉사가 그것들이다. 완벽한 형이상학파 시인 것이다. 아니 그보다 한 켜 진일보한 시세계 개간임을 우리는 다음과 같은 홍진표 사물시의 허무의식 극복상에 상도함으로써 그의 시가 앞으로 어떤 지향성의 시적 지평을 열어보일 것인가 적잖이 흥겨운 감성의 환희로움에 가득 차게 될 터이다.

덕수궁 묻길래 모르오
서울역 어디죠 몰라요
한강 찾길래 모른다 했다

어이없다는 듯
못된 놈 하는 눈치다

천연스럽게
모른다고 시치미 뗐으나
가슴 한 켠 뭉클하다

—「못된 놈」 전문

홍진표 시는 이제 예시 「구인광고」에서 완성한 형이상학파시(Metaphysical poetry) 전향성의 한 확실성과 예시 「못된 놈」으로써 그의 시가 전개해 가임할, 그리하여 현대시의 전망에 하나의 큰 성공적 이정표를 세

울 것이라는 기대에 찬 우리의 전망에 밝은 시의 등대를 스스로 밝히고 있음을 우리는 눈여겨보게 되었다.

예시의 첫 스탠자 첫 행 '덕수궁'은 우리의 전통에의 상징이고, 둘째 행 '서울역'은 우리 삶의 집약적 상징이며, 셋째 행 '한강'은 죽음일 터이다. 천연스럽게 화자는 모른다고 시치미를 뗐으나 "가슴 한 켠 뭉클하다"는 것이다. 이 텍스트 주체의 감성(사상과 감정의 통합된 감수성)이야말로 현대 부조리성의 인간 존재에 대한 구원의 인문정신일 터이다. "가슴 한 켠 뭉클하다" 사실 인간의 존재론적 명시성은 인간이 양심적 존재라는 진리에 있다.

홍진표 시가 이제 사물시의 존재론적 허무의식을 극복하고 형이상학파시의 방법론에 진입하고 있음을 우리는 이번 그의 3시집『여명의 숲』에서 확연하게 주목해보았다. 그 해양처럼 드넓은 형이상학파시 세계를 빛나는 모더니즘시의 세계로 발전시킨 엘리엇처럼 홍진표 형이상학파시 세계로의 진입에 크나큰 갈채와 더불어 우리의 감성에 더없이 산뜻한 삶의 방향타와 정신의 드높은 깃발을 나부끼게 할 새로운 시의 모습, 사물시(이미지스트) 쓰기를 졸업한 홍진표 시인은 미상불 그의 시갈은 미소 한 가닥 씨익! 웃어보이며 함께 보여주리라 믿어 의심치 않는 바이다.

2014년 6월

서울 마포 삼개나루 수당헌(樹堂軒)에서

문학세계대표작가선 719

여명의 숲

홍진표 3시집

인쇄 1판 1쇄　2014년 6월 21일
발행 1판 1쇄　2014년 6월 28일

지 은 이 : 홍진표
펴 낸 이 : 金天雨
펴 낸 곳 : 도서출판 天雨
등　　록 : 1992. 2. 15. 제1-1307호
주　　소 : 서울시 성동구 무학봉28길 6 금용빌딩 2F(하왕십리동 966-23)
전　　화 : 02)2298-7661
팩　　스 : 02)2298-7665
http://www.moonhaknet.com
E-mail : chunwo@hanmail.net

값 13,000원

ISBN 978-89-7954-571-5